AF360160

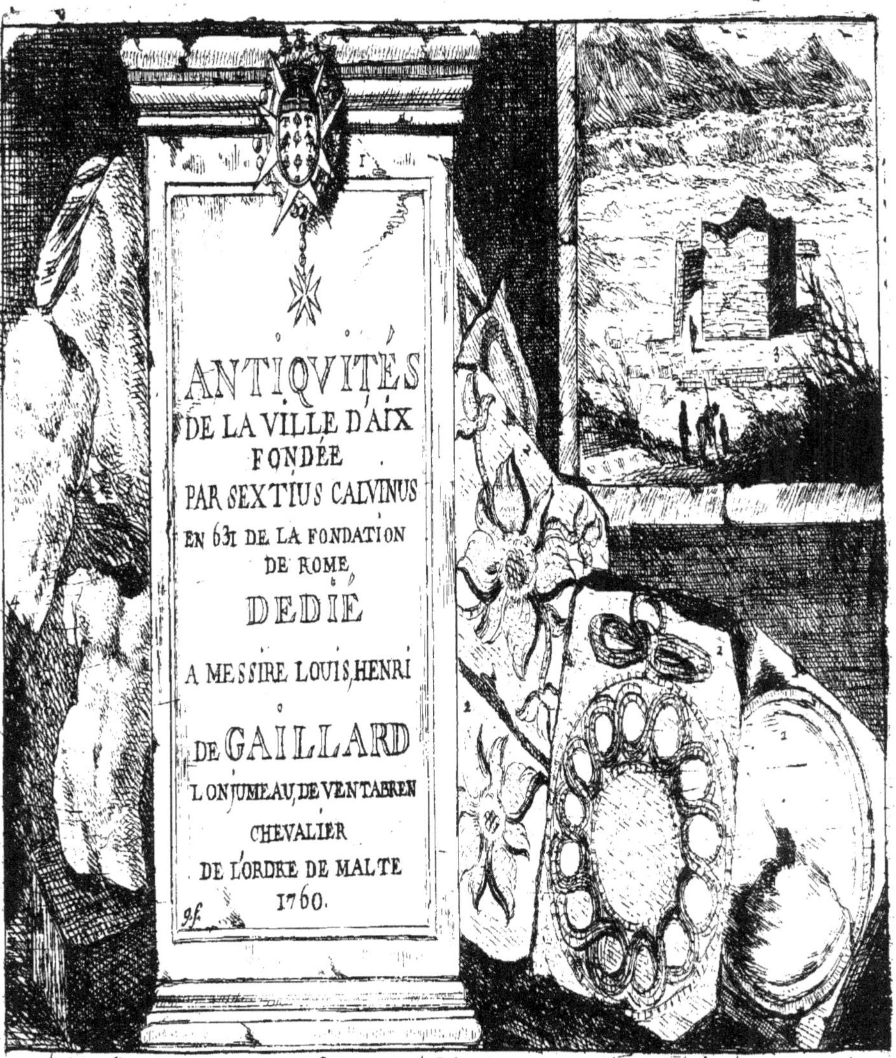

1. un Autel dans l'anciene Maison du Sr Fabri de Peiresc derriere le Palais de Sextius. 2. partie des debris d'un Pavé de plusieurs couleurs de mosaique qui avoit 11 toises de longueur et 7 de largeur trouvé ainsi que la baze de 4 pieds de diametre dans les creusements faits dans le mois de 9bre 1759, à l'occasion de la batisse des greniers de la place de l'Hotel de Ville, ces debris sont dans la cour de la Maison de Mr le Baron de Guillard Lonjumeau Ventabren. 3. representation des ruines actuelles de la piramide triomphale et de l'enceinte qu'efit elever Cayus Marius à l'honneur de la Victoire quil remporta sur trois cents milles barbares placée au quartier apellé du triomphe le long de la Riviere de l'arc auprés de la petite Pegiere du Sr cadet Barnoin sur le grand Chemin au devant de la Montaigne apelée alors de la Victoire vis à vis la Ville d'Aix. 4. parties de statues de marbre qui ont resté dans la maison du Sr Fabre Borrilli b dans le jardin du Sr Peloutier et trouve en 1720 dans les terres au dessus de la vieille Chartreuse.

l'Aqueduc antique pres S.t Eutrope à Aix faiten 696 de la
fondation de Rome par les Ediles Scaurus et Ipsaeus a ete res-
taure pour y conduire les nouvellas eaux das Fontaines elevée
en 1798. du sediment de 2 piées et demi dépés seur trouve dans
cet aqueduc, on en tire des tables de marbre de la couleur et des
grains du bois doluvier ou se trouve decrit le volume et le trajet
anciens eaux leur diminution celeur actous sement

9. la Façade du Palais bati a Aix en 631. de la fondation de Rome par Sextius Calvinus qui se trouve cachée par les batisses du Palais des jurisdictions a l'exception de la Tour apellée du chaperon ou sont deposés les titres des anciens Souverains du Pais; 2. la Tour apellée de St Mitre qui sert de Cachot aux Prisonniers, 3. la grande Tour isolée qui se trouve engagée dans les memes batisses, 4. de meme que la rotonde de 8 Colomnes de marbre vert caillouté de blanc.

Vûe au Septantrion du Palais Bati par les Romains, à Aix, du cotté de la maison de la nomée Franque

Ces Monumens des Romains existent en cet etat en y prelevant les batisses plus modernes qui forment la Metropole Saint Sauveur qui y sont adherantes. 1. Rotonde de 8 Colomnes de marbre vert de 16 pieds et demi d'elevation sans le Chapiteau dont 2 de granite d'Egipte. 2. l'Autel en bas relief qui etoit dans la rotonde. 3. l'Edifice qui renfermoit la rotonde. 4. diverses inscriptions et la pierre des Couteaux des Sacrifices. 5 une des deux autres Colomnes de granite abatue elevee le 12 fe.r 1757 sur la fontaine de l'hôtel de Ville

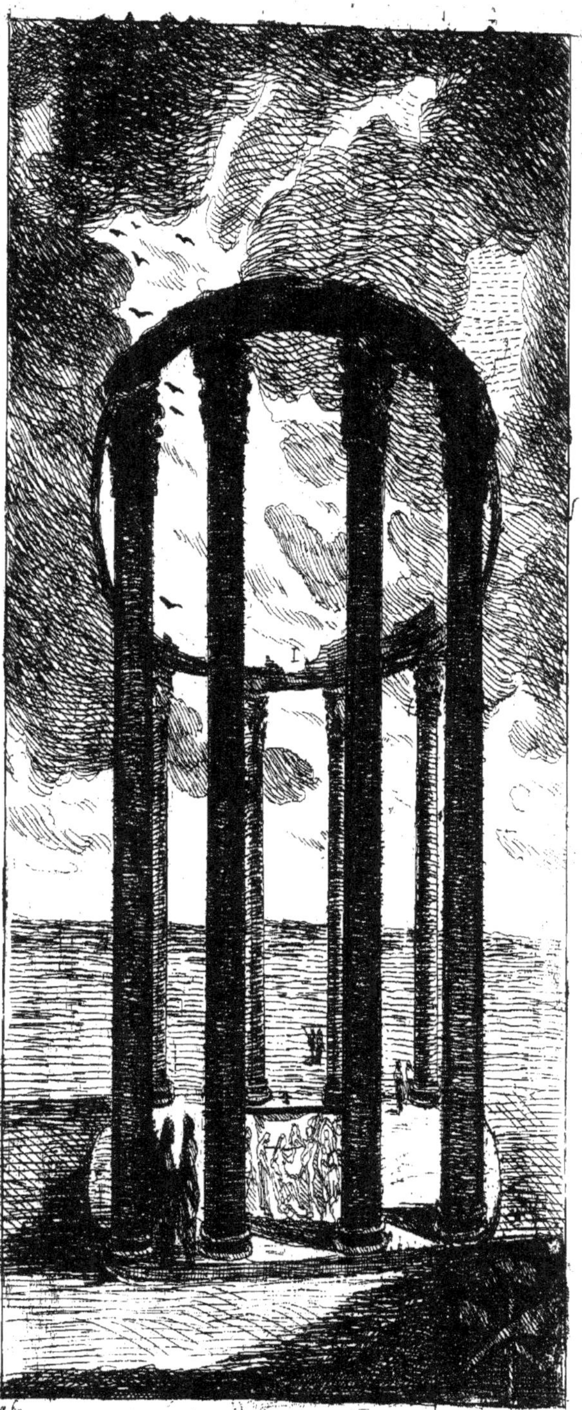

1. la Rotonde de 8. Colomnes dont 6. de marbre vert 2 de granite d'Egipte dans l'Eglise St Sauveur. 2. le basrelief de marbre qu'on a deplacé qui en etoit l'Autel. 3. la pierre des Couteaux des Sacrifices placée près du basrelief.

Monuments antiques qui sont aux Bains d'Eaux chaudes de la Ville d'Aix
batis par Sextius.   9.f.

partie d'un Basrelief de marbre de 4. pieds de longueur et de 2 pieds 3 pouces de hauteur placé auprés de la rotonde
de 8 Colomnes dont il etoit l'Autel que l'on tira pour y substituer les fonts babtismaux de la Metropole,
le coude rompu de 8. pouces qui est a une des extremites fait supposer que cet Autel avoit 4 faces.

1 Ruines de l'Acqueduc qui passoit sur la Riviere de la Torsse pourporter J.f.
de 2 lieux, les Eaux, de Vauvenargues a Aix.
2 l'Acqueduc qui conduisoit a Aix les Eaux du quartier du pont de beraud.

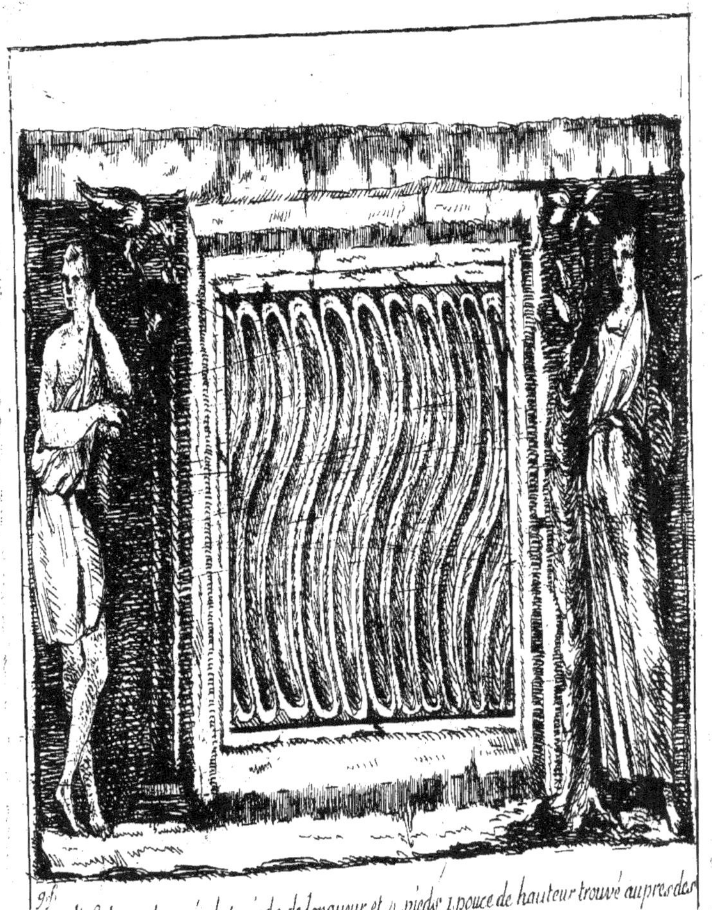

9.h.
Basrelief de marbre gréc de 5. pieds de longueur et 4. pieds 1. pouce de hauteur trouvé aupres des ruines de la piramide triomphale de Cayus Marius le long de la Riviere de Larc dans la plaine apellée depuis lors de la Victoire qui est aupres de la Ville d'Aix ou ce Basrelief a eté placé dans la Cour de la Maison de M.r le Baron de Gaillard Lonjumeau Seig.r de Ventabren.

Monument antique des Romains, qui servoit en
1132 a la juiverie d'Aix et qui forme du coté du Levant
une portion interne de la Maison de M.r le Baron
de Gaillard Lonjumeau.

9.f.

Basrelief de Marbre grec de 4 pieds de longueur et de 2 pieds de hauteur trouvé en l'année 1724 dans les terres aupres de la Ville d'Aix quartier de la torsse a la maison de campaigne du S.r Rey.

l'Acqueduc qui passoit sur la Riviere du Tholonet pour
porter de 2 lieües les eaux de s.t Antonin a Aix, est
situé entre 2 montaignes de marbre qu'on nomme en
France breche d'Alep.

Bas relief de 3 pieds de hauteur trouvé dans
Les decombres de la rue de notre Dame placé
sur le coin de la maison du Sr. Cabassce.

9.e partie de l'Aqueduc qui traversoit les Montaignes de Mairargues pour porter de 3 lieux les Eaux de la riviere de Jouques a Aix.

9.f.

ce Temple est pavé de 3 couchas l'une sur l'autre de pierre froide d'un pied et demi depais-
seur et de 3 pieds de diametre chacune, le S.ʳ Figuiere montfort possesseur du terrain contigu
s'ocupe chaque jour a la demolition du monument qui est au quartier de Druide, visant
du levant a la ville d'Aix, et du couchant au Bourg et Chateau de Ventabren.